CUISINE THAÏE

PAR

SILK&SPICE

ISBN : 978-2-7339-1303-1

ZI de Bogues, 31750 Escalquens
Tél. : 05 61 00 09 86 – contact@grancher.com
www.grancher.com

CUISINE THAÏE

PAR

SILK&SPICE

YUPHEN SIANGHEN

GRANCHER

Ingrédients

Entrées

Plats

Désserts

Ces **I**ncroyables produits

aux **N**ouvelles saveurs

et aux **G**oûts surprenants

vous **R**galeront

d' **E**tonnement...

D'apparences **D**ifférentes,

parfois **I**nsolites,

ces ingrédients **E**xotiques

aux **N**oms imprononçables

sont les **T**résors gastronomiques

du royaume de **S**iam !

Aubergine thaïe

Version miniature de l'aubergine française mais de couleur vert clair, ce petit légume a l'avantage de rester ferme lorsqu'on le fait mijoter. Pour le conserver, placez-le en entier dans une boîte hermétique (quand il est coupé en deux, il a tendance à s'oxyder rapidement), il restera croquant pendant une semaine environ.

Basilic thaï

Légèrement fraîche et anisée, cette plante aromatique dont l'odeur rappelle l'estragon et la réglisse est parfaite pour tout type de curry thaï. Ajouté en fin de cuisson, le basilic thaï apporte de la fraîcheur tout en adoucissant le goût final.

Ciboulette thaïe

Ressemblant à la ciboulette classique mais possédant un parfum plus prononcé, cette plante aromatique également appelée « ciboulette chinoise » connaît un franc succès dans la cuisine thaïlandaise grâce à son goût piquant et aillé.

Citronnelle

Donnant une note délicatement citronnée au curry, la citronnelle permet d'alléger les saveurs et d'éliminer la sensation de gras. Elle agit contre les rhumatismes et les entorses et possède des vertus diurétiques, toniques, digestives et antitussives.

Combava

Appartenant à la même famille que le citron, le zeste de ce petit fruit à la peau grumeleuse ajoute une fraîcheur délicate dans beaucoup de plats thaïs, en particulier les currys. Il est plus facile et économique de l'acheter surgelé. Attention, seule la partie verte du zeste doit être utilisée, la blanche a un goût très amer.

Crevettes séchées

Ce sont bien sûr des crevettes séchées, mais pas seulement : elles sont d'abord marinées dans un mélange de sel, de sauce de poisson, de sauce de soja et de sucre. Vendues le plus souvent en sachet surgelé, ces crevettes séchées au goût puissant rehaussent les currys et les plats de pâtes.

Feuilles de bananier

Très faciles à trouver partout en Thaïlande mais malheureusement assez rares et chères en France, ces feuilles de bananier sont utilisées pour emballer ou faire griller la nourriture. Avant de les manipuler, il est important de les faire blanchir rapidement ou de les chauffer à la vapeur pour éviter que les feuilles se cassent.

Feuilles de bayteuil

Appelées « gousses de vanille d'Asie », les feuilles de bayteuil ou pandanus sont utilisées dans toute l'Asie. Fraîches, elles parfument non seulement les mets de leur arôme délicat mais les colorent aussi en vert tendre. Ces feuilles servent également à confectionner des papillotes dans lesquelles cuisent du poulet, du poisson ou des légumes.

Feuilles de citron

Connues également sous le nom de feuilles de lime ou de kaffir, les feuilles de citron dégagent un parfum acidulé lorsqu'elles sont utilisées en cuisine. Vous les trouverez au rayon surgelés, conditionnées en sachet.

FEUILLETS À RAVIOLIS

Faits à base de farine de blé, d'œuf et d'eau, ces feuillets adaptés à la préparation des raviolis sont tout à fait réalisables à la maison, mais ceux que l'on trouve au rayon frais des supermarchés asiatiques sont très bons aussi. Une fois le sachet ouvert, fermez-le avec un film plastique pour éviter le desséchement.

GALANGA

Ajoutant au curry un goût poivré, ce gingembre thaï est également utilisé dans diverses médecines traditionnelles : stimulant digestif et antibactérien, il permettrait en outre de lutter contre les maladies de peau. Comparé au gingembre classique, le galanga a une odeur plus citronnée et poivrée, et il dégage une légère amertume et un subtil piquant. Vous le trouverez facilement dans des épiceries asiatiques.

GALETTES DE BLÉ

Ces fines feuilles essentiellement utilisées pour la préparation de nems ou de samoussas sont faites à partir de farine de blé, d'eau et de sel. Vendues en sachet au rayon frais ou surgelés des supermarchés asiatiques, vous pourrez les conserver au réfrigérateur enveloppées de film plastique, mais pas plus de deux jours.

HARICOT VERT THAÏ

Plus ferme que le haricot vert d'ici et surtout beaucoup plus long, ce haricot vert thaï est très couramment utilisé dans des recettes de curry et de sauté. Il peut éventuellement être remplacé par le haricot vert français frais, mais pensez à en réduire le temps de cuisson pour qu'il ne soit pas trop cuit.

KACHAI

Le kachai est un autre type de gingembre thaï, son arôme étant plus fort que celui du galanga ou du gingembre traditionnel. Fidèle allié de toutes les recettes à base d'agneau, il sublime à merveille l'odeur typique de cette viande ainsi que celle du poisson, leur apportant une touche thaïlandaise.

KAPAO

Le kapao est une plante aromatique de la famille du basilic – il est aussi appelé « basilic sacré » – mais différente du basilic thaï... Il est plus amer que le basilic consommé habituellement en France et ses feuilles sont assez fragiles. Vous pourrez les conserver au réfrigérateur dans une boîte hermétique pendant deux ou trois jours seulement.

La he

Tige d'une plante de la même famille que l'ail, le goût du la he ressemble à celui du poireau avec une note aillée. Pour le conserver, emballez-le dans un film plastique alimentaire et placez-le en bas du réfrigérateur : il gardera son parfum pendant trois ou quatre jours.

Lait de coco

Contrairement à l'eau de coco qui est naturellement contenue dans une noix de coco, le lait de coco – élément phare de la cuisine thaïe – est un liquide épais obtenu à partir des chairs tendres de la noix de coco que l'on a pressées. Pour réaliser les recettes de ce livre, préférez le lait de coco vendu en canette : comparé à celui vendu en boîte, il a l'avantage d'avoir une texture plus compacte. Une fois la canette ouverte, consommez-le rapidement car il ne se garde que trois jours maximum au réfrigérateur.

Ngo gai

Peu utilisée en Europe, cette herbe également appelée « coriandre orientale » en Thaïlande car son odeur rappelle celle des feuilles de coriandre parfume les plats thaïs de multiples façons. Elle ressemble beaucoup à la ciboulette thaïe, mais l'une ne peut remplacer l'autre car le ngo gai a un goût un peu plus piquant.

NOIX DE COCO ENTIÈRE

Produit phare de la cuisine thaïe, la noix de coco entière est très utilisée, et de diverses manières : on peut boire l'eau de coco désaltérante qu'elle contient, déguster sa chair tendre, ou encore utiliser sa coque pour servir un plat. Quelle que soit son utilisation, la noix de coco peut s'avérer dangereuse à casser – à éviter, donc, si vous êtes maladroit !

PAPAYE VERTE

Si vous connaissez seulement la papaye jaune qui se mange comme un fruit, ce légume dur et croquant peut vous sembler un peu étrange mais, finement râpé, il entre dans la composition de salades succulentes. A taille égale, choisissez toujours la papaye verte la plus lourde et gardez-la au frais enveloppée dans du papier journal.

PÂTE DE CREVETTES

Aussi incontournable que le lait de coco dans la gastronomie thaïlandaise mais peu connu des Français, la pâte de crevettes est un mélange obtenu à partir de crevettes salées puis fermentées. Au premier abord, sa couleur aubergine sombre et son odeur forte ne donnent pas forcément envie, mais une fois cuite, c'est une excellente base équilibrante pour de nombreuses recettes salées.

PÂTES DE RIZ

Si les Italiens marchent aux spaghettis, les Asiatiques, en particulier les Thaïlandais et les Vietnamiens, marchent aux pâtes de riz ! Préparées à base de farine de riz, ces pâtes ont une texture plus croquante que les nouilles classiques. Avant de les utiliser, réservez-les dans de l'eau froide pendant une heure environ.

PIMENT

En principe, le piment vert est plus fort que le rouge, et plus la taille d'un piment est petite, plus celui-ci est fort – attention, donc, si vous souhaitez tester le tout petit piment appelé aussi « piment oiseau ». Vous trouverez des piments séchés dans les supermarchés asiatiques, vendus en sachet.

POIVRE FRAIS

Ce poivre en grappe a un goût plus doux que le poivre moulu. Vous le trouverez facilement dans des épiceries exotiques.

Radis salés

Vendus en sachet dans les supermarchés asiatiques, ces radis salés apportent une texture croquante dans les plats de nouilles et de pâtes de riz, comme dans le fameux Phad Thaï.

Sauce d'huître

Accidentellement créée par un cuisinier chinois ayant oublié un plat d'huîtres sur le feu, cette sauce est faite à base d'huîtres fraîches mais aussi, entre autres, d'amidon de maïs, de sucre et de sauce de soja. De texture épaisse et de couleur brun sombre, son goût est riche et légèrement épicé.

Sauce de poisson

Plus couramment utilisée que le sel pour relever les plats en Thaïlande, cette sauce à l'odeur âcre est fabriquée à partir de petits poissons marinés dans du sel et du sucre. Mélangée à du jus de citron, c'est la base de la sauce sucrée salée qui accompagne les nems. Notez que la sauce de poisson ne peut pas être remplacée par la sauce de soja ; si besoin, utilisez du sel à la place.

SAUCE DE SOJA

Elément indispensable de la gastronomie asiatique au point qu'il est impossible d'imaginer cuisiner sans une bouteille de sauce de soja à côté de soi, cette sauce est obtenue à partir de fèves de soja fermentées. Il en existe plusieurs variétés en fonction des pays producteurs. Pour réaliser vos recettes, il est conseillé d'en choisir une de couleur plutôt claire.

SUCRE DE PALME

Obtenu à partir de la sève du palmier, ce sucre de couleur jaune a un goût très riche et onctueux. Couramment vendu dans les supermarchés asiatiques sous forme de galette arrondie, il permet de lier différentes saveurs pour réaliser des recettes harmonieuses.

TAMARIN

Le tamarin est un fruit tropical à la peau brune et à la saveur délicieusement acidulée. En cuisine, nous utilisons de la pâte de tamarin, conditionnée en sachet – il s'agit de la pulpe de ce fruit – que nous diluons dans l'eau. Le jus obtenu à partir de cette pâte est un élément incontournable de la gastronomie thaïe pour réaliser tous les plats ayant un goût acide.

Taro

Avec son goût à mi-chemin entre la pomme de terre et la châtaigne, le taro, ou « madère » en français, est un tubercule alimentaire cultivé dans certains pays chauds tels que la Thaïlande. Sa texture muqueuse peut sembler surprenante mais elle disparaît lorsqu'on le cuit.

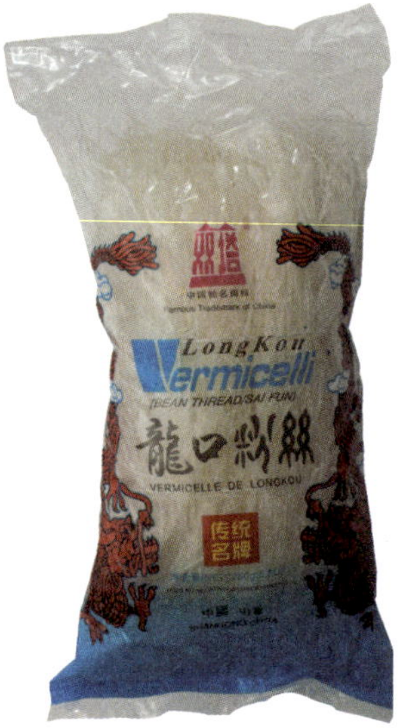

Vermicelles de soja et de riz

La forme fine des vermicelles leur permet d'absorber au mieux le goût des aliments avec lesquels elles sont cuisinées. Ainsi, les Thaïs aiment garnir les salades de vermicelles de soja et les currys de vermicelles de riz pour que celles-ci s'imprègnent de la sauce qui les accompagne.

Où se procurer ces ingrédients ?

Si aucun supermarché asiatique ne se trouve à proximité de chez vous, voici les sites internet de quelques épiceries asiatiques en ligne où vous pourrez trouver aisément tous ces ingrédients :

www.asianmarket.fr
www.amasia.fr
www.marchedasie.fr
www.epices-du-monde.com

Teneur en épices
Vins recommandés
Temps de préparation
Temps de cuisson

Avec ces **E**ntrées

aux **N**ouvelles saveurs

venues de la **T**haïlande,

délicatement **R**affinées

et délicieusement **E**xotiques,

vous **E**ntamerez vos repas

avec **S**uperbe !

Salade de papaye verte à la citronnade épicée

Som Tam

Le Som Tam est l'un des en-cas les plus consommés sur les marchés alimentaires en Thaïlande, mais il se transforme en plat principal s'il est accompagné de riz gluant ou nature. Vous pouvez en principe y ajouter tous les fruits de mer que vous souhaitez – crevettes ou calamars notamment – mais je conseillerais de garnir cette salade avec juste un peu de crevettes séchées. Attention, la version proposée utilise des cacahuètes. En cas d'allergie, vous pouvez la préparer sans.

BLANC *Chablis* Domaine de Noëlle

ROUGE *Crozes-Hermitage* Domaine Champal, Chaubayou *Vacqueyras* Domaine Chamfort
Coteaux du Languedoc Mas Bruguière, L'Arbouse *Hautes Côtes de Nuits* Domaine Bonnardot

SOM TAM

Salade de papaye verte à la citronnade épicée

01

Couper la papaye en deux dans la longueur, l'éplucher et la râper. Faire de même pour la carotte.

30 min

Ingrédients pour 2 personnes

200 g de papaye verte thaïe
1 cuillère à café de crevettes séchées
1 carotte de taille moyenne
6 tomates cerises
1 haricot long thaï coupé en six
1/2 piment rouge
1 gousse d'ail de taille moyenne
2 cuillères à café de cacahuètes hachées
5 cuillères à soupe de sauce de poisson
5 cuillères à soupe de jus de citron
1 galette de taille moyenne de sucre de palme

02

Dans un mortier, mettre d'abord la gousse d'ail puis le haricot thaï coupé, les crevettes séchées, le sucre de palme, les cacahuètes et le piment. Ecraser le tout.

03

Ajouter ensuite la sauce de poisson et le jus de citron. Continuer à écraser à l'aide du pilon pour que tous les ingrédients soient bien mélangés.

04

Ajouter la papaye et la carotte râpées. Continuer à écraser le tout pour que les légumes s'imprègnent de la sauce.

05

Ajouter les tomates cerises coupées en deux, puis écraser plus légèrement.
Servir aussitôt dans une assiette creuse.

Aumônières de crevettes aux herbes thaïes

Toong Ton

Même si les raviolis sont plutôt associés à la cuisine chinoise pour les Occidentaux, ils font également partie du patrimoine gastronomique thaïlandais : le Toong Ton est ainsi représentatif des raviolis thaïs. Sa farce, plus simple à réaliser que celle de la version chinoise, n'en est pas moins succulente !

Toong Ton

Aumônières de crevettes aux herbes thaïes

40 min

15 min

Ingrédients pour 2 personnes

10 crevettes crues de taille moyenne décortiquées
10 galettes de blé
1/4 de carotte de taille moyenne
2 cuillères à soupe de maïs en conserve
1/2 branche de céleri
1 gousse d'ail de taille moyenne
1 poignée de coriandre (5 g)
1 tige de ciboulette
1 cuillère à soupe de sauce d'huître
1 cuillère à café de sauce Maggi
1 cuillère à café de sucre
2 pincées de poivre blanc en poudre
Sauce au piment doux (l'acheter toute faite au supermarché)

01

Couper les crevettes, le maïs, le céleri et la carotte en brunoise.

02

Ecraser la gousse d'ail et la coriandre avec une pincée de poivre blanc. Puis faire revenir ces ingrédients pilés dans une poêle bien huilée pendant 2 minutes.

03

Dans la poêle, ajouter d'abord les crevettes puis les légumes. Faire revenir à feu doux 2 minutes. Ajouter la sauce d'huître, la sauce Maggi, le sucre et une pincée de poivre. Continuer à faire revenir jusqu'à mi-cuisson (environ 3 minutes) puis laisser refroidir la farce dans un bol.

04

Sur une galette de blé, poser une cuillerée de farce au centre et former une aumônière. Fermer l'aumônière avec un fil de ciboulette blanchie dans de l'eau bouillante.

05

Faire frire les aumônières à 170 °C dans une poêle remplie d'huile jusqu'à ce qu'elles soient dorées (environ 7 minutes).
Les servir accompagnées de la sauce au piment doux.

Il y a beaucoup de soupes dont le nom commence par « Tom Yam » en Thaïlande. En fait, Tom veut dire « bouillir » et Yam « mélanger ». Dans la recette présentée ici, il s'agit d'une soupe aux crevettes, donc le mot « Koong », qui désigne les crevettes, s'est rajouté. Il existe de nombreuses versions différentes (avec de la tomate, du mini-maïs, etc.), mais voici ma recette, plutôt minimaliste mais pas moins goûteuse.

BLANC *Chablis* Domaine de Noëlle *Meursault 1er Cru* Domaine Pilot, Caillerets
Vin de Pays d'Oc Vignobles Guilhem, Le Chardonnay

Soupe aux crevettes et à la citronnelle

Tom Yam Koong

01

Préparation de la pâte d'épices : couper les gousses d'ail et les échalotes en fines tranches. Les faire revenir dans une poêle sans matière grasse pendant 3 minutes.

02

Ajouter dans la poêle les piments séchés. Les faire revenir jusqu'à ce qu'ils soient légèrement grillés (2 minutes) puis sortir la préparation et l'écraser dans un mortier.

TOM YAM KOONG

Soupe aux crevettes et à la citronnelle

20 min

15 min

03

Dans le bouillon de volaille, mettre la citronnelle, le galanga et les feuilles de citron. Les porter à ébullition à feu vif. Baisser ensuite le feu avant d'ajouter la pâte d'épices préparée ainsi que les crevettes et les champignons de Paris. Laisser cuire 3 minutes.

04

Verser la sauce de poisson, le jus de citron et le sucre. Ajouter ensuite le ngo gai, puis porter à ébullition pendant quelques secondes. Servir très chaud.

Ingrédients pour 2 personnes

8 crevettes crues décortiquées
400 ml de bouillon de volaille (1/4 de tablette vendue dans le commerce pour 400 ml d'eau)
2 bâtons de citronnelle coupés en biais
1 petit morceau de galanga coupé en biais
6 feuilles de citron coupées en deux
6 champignons de Paris coupés en quare
2 tiges de ngo gai émincées
2 cuillères à soupe et demie de sauce de poisson
2 cuillères à soupe de jus de citron
2 cuillères à café de sucre

Pâte d'épices

3 gousses d'ail de taille moyenne
2 échalotes de taille moyenne
2 piments rouges séchés

Ces rouleaux sont
des sortes de nems
à base de légumes
et qui ne sont pas
frits : plus diététiques que
des nems classiques, donc !
La recette contient du taro mais si
vous avez du mal à en trouver, vous pouvez le
remplacer par de la patate douce qui donnera à cette entrée une
texture légèrement plus pâteuse que la version originale.

Rouleaux de galette de blé farcie aux légumes

PHO PIA SOD

30 min

10 min

Ingrédients pour 2 personnes

6 galettes de blé
5 crevettes crues de taille moyenne
60 g de tofu
2 poignées de germes de soja (80 g)
1/4 de concombre coupé en julienne
1 œuf
2 poignées de coriandre (10 g)
1 cuillère à soupe de sauce d'huître
1 cuillère à café de sucre
2 cuillères à café de sauce Maggi
1/2 pincée de poivre en poudre
Sauce au piment doux (l'acheter toute faite au supermarché)

01

Décortiquer les crevettes puis couper le tofu et les crevettes en petits morceaux.

PHO PIA SOD

Rouleaux de galette de blé farcie aux légumes

02

Dans une casserole avec un peu d'huile, mettre d'abord les crevettes puis la sauce Maggi, le sucre et le poivre. Laisser cuire à feu doux 2 minutes. Y ajouter les morceaux de tofu et faire sauter le tout 3 minutes. Retirer la farce ainsi préparée et laisser refroidir.

03

Faire blanchir les germes de soja. Bien les égoutter.

04

Faire une omelette fine avec l'œuf et la couper en julienne.

05

Déposer une cuillerée de farce sur chaque galette de blé, puis répartir la coriandre, le soja, l'omelette et le concombre coupés en julienne. Fermer les galettes en formant des rouleaux. Les servir avec de la sauce au piment doux.

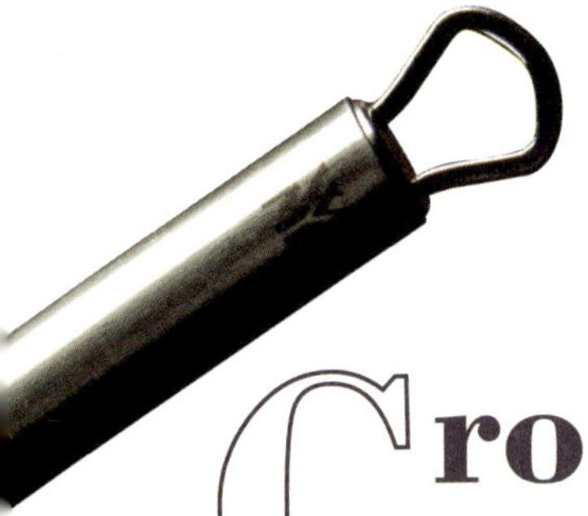

Croquettes de calamar, crevettes, maïs et coriandre

TANG KAY

Cette entrée est constituée de délicieuses croquettes composées de calamar, de crevettes et de maïs – jusqu'ici, rien de très original – mais la coriandre leur apporte une note délicatement parfumée. Dans cette recette, le pétrissage est une étape importante pour réussir à obtenir une texture à la fois fondante et croquante. Veillez également à former des croquettes pas trop grosses.

BLANC *Condrieu* Domaine Champal, La Coste

ROSE *Côtes de Provence* Château Les Crostes

ROUGE *Sancerre* Domaine Les Chaumes
Haut-Médoc Château Hourbanon

Tang Kay

Croquettes de calamar, crevettes, maïs et coriandre

20 min

10 min

Ingrédients pour 2 personnes

10 crevettes crues de taille moyenne décortiquées
100 g de calamar
2 cuillères à soupe de maïs en conserve
2 gousses d'ail
2 poignées de coriandre (10 g)
50 g de chapelure
1 cuillère à soupe de sauce d'huître
2 cuillères à café de sucre
2 cuillères à café de sauce Maggi
1 pincée de poivre
Sauce aigre douce (vendue dans les supermarchés asiatiques)

01

Couper les crevettes, le calamar et le maïs en petits morceaux et mixer doucement le tout avec le reste des ingrédients (sauf la chapelure) jusqu'à ce que la mixture soit homogène.

02

Pétrir longuement la pâte préparée pour qu'elle soit collante, puis former des boules de la taille d'un abricot.

03

Rouler les boules dans la chapelure puis les aplatir pour former des galettes.

04

Faire frire les galettes dans une poêle remplie d'huile jusqu'à ce qu'elles soient dorées (entre 5 et 8 minutes). Servir aussitôt avec la sauce aigre douce.

Salade de vermicelles de soja et blanc de poulet
Woon Sein

Excellente alternative à un repas complet, cette salade contient des piments oiseaux – petits mais redoutablement épicés ! Si vous n'êtes pas un grand habitué de la cuisine épicée, commencez par mettre des petites doses. Notez que la présence des cacahuètes n'est pas indispensable.

BLANC
Chablis Domaine de Noëlle
Sancerre Domaine Les Chaumes

ROSE
Côtes de Provence Château Les Crostes

ROUGE
Haut-Médoc Château Hourbanon

01

Dans un mortier, écraser le piment et les gousses d'ail. Verser la sauce de poisson, le jus de citron et le sucre et bien mélanger.

02

Faire blanchir le blanc de poulet puis émietter le morceau.

Woon Sein

Salade de vermicelles de soja et blanc de poulet

03

Tremper les vermicelles dans de l'eau bouillante pendant 2 minutes puis les passer à l'eau froide et les égoutter. Mettre ensemble le poulet, les légumes, les crevettes séchées, les cacahuètes et les vermicelles. Verser la sauce et bien mélanger.

60 min

5 min

Ingrédients pour 2 personnes

100 g de vermicelles de soja trempés auparavant dans de l'eau froide pendant 30 minutes
100 g de blanc de poulet coupé en lamelles
1 cuillère à soupe de crevettes séchées hachées
1 cuillère à soupe de cacahuètes hachées
1 poignée de feuilles de menthe ciselées
1 bâtonnet de citronnelle coupé en fines tranches
2 échalotes de taille moyenne coupées finement
1/5 de branche de céleri coupée finement
1/4 de carotte de taille moyenne coupée finement
3 feuilles de ngo nai coupées finement

Pour la sauce
2 piments oiseaux rouges
2 gousses d'ail
3 cuillères à soupe de sauce de poisson
3 cuillères à soupe de jus de citron
2 cuillères à café de sucre

BLANC *Chablis* Domaine de Noëlle
Sancerre Domaine Les Chaumes

ROUGE *Chassagne-Montrachet 1er Cru* Domaine Pilot, Morgeot *Pommard* Domaine Pilot, Tavannes
Châteauneuf du Pape Romain Duvernay, Plan de Dieu *Côtes de Provence* Domaine Les Crostes, Cuvée Prestige

Salade de filet de bœuf mi-cuit

LARB NUA ON

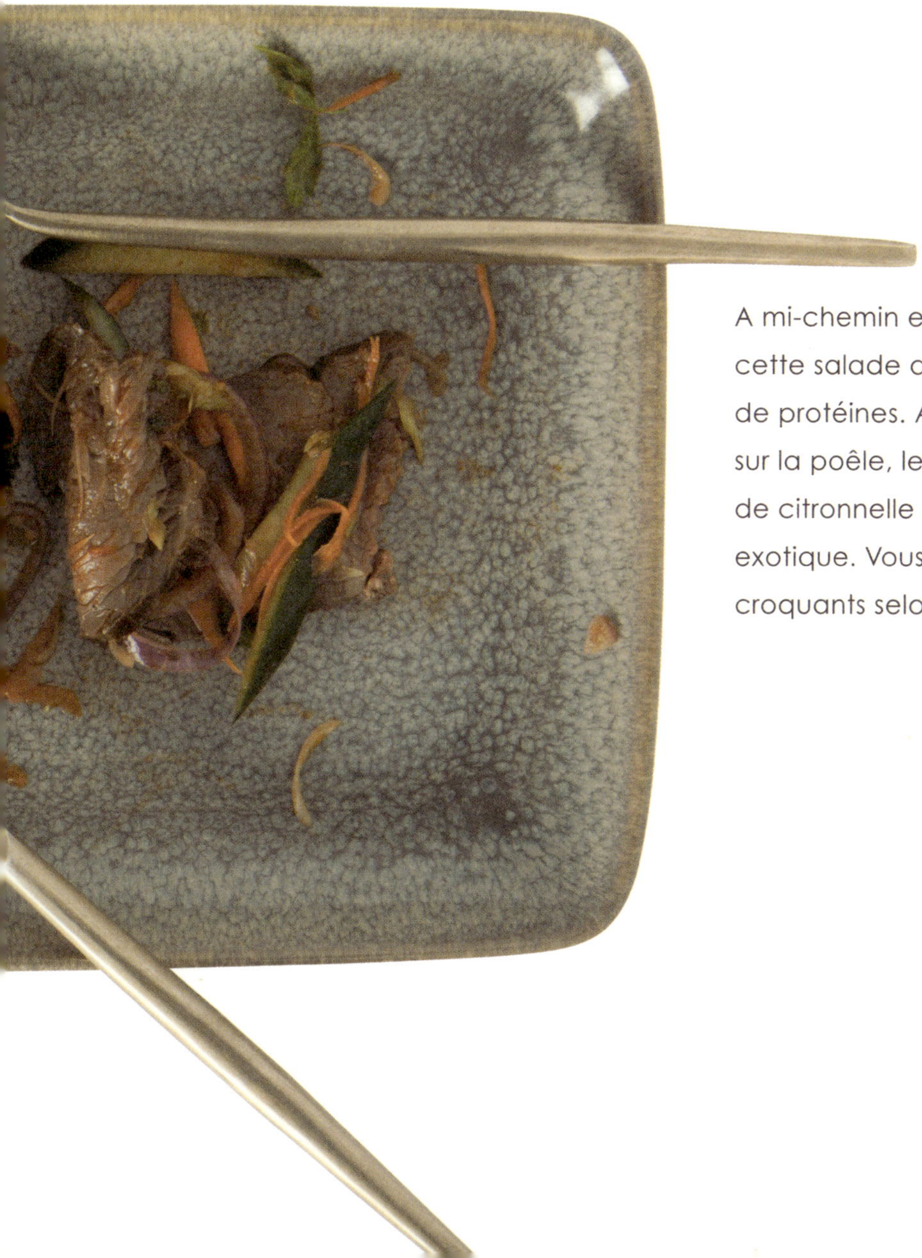

A mi-chemin entre l'entrée et le plat de résistance, cette salade de bœuf est une excellente source de protéines. Au filet de bœuf simplement saisi sur la poêle, les feuilles de menthe et les pousses de citronnelle ciselées apportent une fraîcheur exotique. Vous pouvez y ajouter d'autres légumes croquants selon vos envies.

20 min

10 min

Ingrédients pour 2 personnes

160 g de rumsteck
1 échalote coupée en julienne
1/2 bâton de citronnelle ciselée
10 feuilles de menthe coupées en deux
1/4 de concombre coupé en julienne
1/2 carotte coupée en julienne
8 tomates cerises coupées en deux

Pour la sauce
1 piment rouge
2 gousses d'ail
3 cuillères à soupe de sauce de poisson
3 cuillères à soupe de jus de citron
2 cuillères à café de sucre
1 cuillère à café d'huile d'olive

01

Pour réaliser la sauce : écraser les gousses d'ail et le piment, ajouter la sauce de poisson, le jus de citron, le sucre et l'huile d'olive, et bien mélanger.

Larb Nua On
Salade de filet de bœuf mi-cuit

02

Poêler le filet de bœuf sans matière grasse jusqu'à mi-cuisson (environ 3 minutes de chaque côté) puis le couper en fines lamelles.

03

Mettre les lamelles de bœuf dans un saladier, ajouter la sauce et les légumes préparés. Bien mélanger avant de servir.

Cette recette à la fois facile et exotique ne vous demande pas forcément de faire le détour par une épicerie asiatique, à condition que vous ayez déjà la sauce de poisson. Cette salade légère contient des cacahuètes : en cas d'allergie, vous pouvez les remplacer par des croûtons.

Salade d'ananas et de crevettes

YAM SAPPAROT

01

Préparer la sauce : mélanger les gousses d'ail émincées, la sauce de poisson, le jus de citron et le sucre.

02

Dans une poêle à feu doux et sans matière grasse, faire griller légèrement la noix de coco râpée, pendant 3 à 5 minutes.

03

Couper l'ananas en petits morceaux et préparer les légumes.

04

Blanchir les crevettes dans de l'eau bouillante.

Yam Sapparot

Salade d'ananas et de crevettes

05

Dans un saladier, placer les morceaux d'ananas et les légumes. Saupoudrer de crevettes séchées puis poser les crevettes. Saupoudrer ensuite de noix de coco râpée et de cacahuètes hachées. Verser la sauce et servir.

20 min

10 min

Ingrédients pour 2 personnes

1/4 d'ananas frais
6 crevettes crues décortiquées
2 gousses d'ail émincées
1 cuillère à soupe de noix de coco râpée
1 cuillère à soupe de cacahuètes hachées
1 cuillère à soupe de crevettes séchées
2 cuillères à soupe de sauce de poisson
2 cuillères à soupe de jus de citron
2 cuillères à café de sucre

A volonté :
poivron rouge, carotte et concombre coupés en julienne

Velouté de poulet au lait de coco et à la citronnelle
Tom Ka Kaï

Infiniment onctueuse et légèrement épicée, cette soupe au blanc de poulet est très simple à réaliser. La douceur du lait de coco y est associée au parfum délicat de la citronnelle, donnant ainsi à ce mets une saveur à la fois douce et acidulée.

BLANC *Chablis* Domaine de Noëlle *Sancerre* Domaine Les Chaumes *Meursault 1er Cru* Domaine Pilot, Caillerets *Saint-Joseph* Domaine Champal, Mayanne

ROUGE *Chassagne-Montrachet 1er Cru* Domaine Pilot, Morgeot *Pommard* Domaine Pilot, Tavannes *Châteauneuf du Pape* Romain Duvernay, Plan de Dieu *Côtes de Provence* Domaine Les Crostes, Cuvée Prestige

TOM KA KAÏ

Velouté de poulet au lait de coco et à la citronnelle

10 min

10 min

Ingrédients pour 2 personnes

140 g de blanc de poulet
200 ml de lait de coco
6 champignons de Paris coupés en quatre
2 bâtonnets de citronnelle
1/4 de galanga de taille moyenne (10 g)
6 feuilles de citron
2 piments oiseaux rouges frais
2 feuilles de ngo gai
2 cuillères à soupe de sauce de poisson
2 cuillères à soupe de jus de citron
2 cuillères à café de sucre
200 ml de bouillon de volaille (1/4 de tablette vendue dans le commerce pour 200 ml d'eau)

01

Couper le filet de poulet en fines lamelles, le galanga en tranches, la citronnelle en biais et le piment en deux.

02

Dans une casserole, verser le bouillon de volaille et le lait de coco puis porter à ébullition à feu vif.

03

Ajouter la citronnelle, le galanga et les feuilles de citron. Laisser à feu moyen pendant 2 minute.

04

Ajouter le blanc de poulet, les champignons, la sauce de poisson, le jus de citron et le sucre, et laisser sur le feu pendant 3 minutes. Ajouter les piments coupés, laisser environ 30 secondes.

05

Retirer du feu et ajouter le ngo gai avant de servir.

Réalisez ces **P**lats

aux sauces et aux **L**égumes inhabituels

en profitant des **A**stuces

de la chef **T**haïlandaise

puis **S**avourez-les bien !

ROSE

ROUGE

Côtes de Provence Château Les Crostes

Sancerre Domaine Les Chaumes ***Haut-Médoc*** Château Hourbanon ***Crozes-Hermitage*** Domaine Champal, Chaubayou ***Vacqueyras*** Domaine Chamfort ***Coteaux du Languedoc*** Mas Bruguière, L'Arbouse ***Faugères*** Mas des Capitelles, La Catiède ***Hautes - Côtes de Nuits*** Domaine Bonnardot ***Hautes Côtes de Beaune*** Domaine Seguin-Manuel

Emincés de blanc de poulet au curry vert

Kang Kaï

Grand classique de la cuisine thaïe, le blanc de poulet tendre au curry vert légèrement épicé est apprécié depuis toujours par les Thaïlandais. Je vous dévoile ici mon secret pour faire la pâte de curry vert soi-même. N'ayez crainte, s'il faut réunir beaucoup d'ingrédients pour la réaliser, une fois les courses faites, tout est très facile ! Notez que le curry maison se conserve 2 semaines.

01

Pour réaliser la pâte de curry vert :
couper tous les ingrédients finement.

25 min

15 min

Ingrédients pour 2 personnes

240 g de blanc de poulet coupé en lamelles
300 g de lait de coco
4 aubergines thaïes coupées en six
2 haricots longs thaïs coupés en quatre
1/2 poignée de basilic thaï
2 cuillères à soupe de sauce de poisson
2 cuillères à café de sucre
2 cuillères à soupe d'huile de tournesol

Pâte de curry vert
(pour 4 portions, à conserver au réfrigérateur jusqu'à 2 semaines)

2 piments verts de taille moyenne (100 g)
5 fines tranches de galanga
2 échalotes de taille moyenne
4 gousses d'ail de taille moyenne
1 bâton de citronnelle
1/4 de cuillère à café de pâte de crevettes
3 g de zeste de bergamote environ

02

Mixer tous ces ingrédients avec la pâte de crevettes, le zeste de bergamote et un peu d'eau jusqu'à l'obtention d'une texture homogène.

KANG KAÏ

Emincés de blanc de poulet au curry vert

03

Dans une casserole bien huilée, faire revenir 30 g de pâte de curry vert (1 cuillère à soupe environ) pendant 3 minutes.

04

A feu doux, verser le lait de coco et porter à ébullition. Ajouter le blanc de poulet, la sauce de poisson, le sucre et laisser 3 minutes. Ajouter les légumes et laisser cuire à nouveau 3 minutes. Mettre ensuite les feuilles de basilic puis retirer du feu aussitôt. Servir avec du riz gluant ou des vermicelles de riz.

Ragoût de bœuf au curry massaman

MASSAMAN NUA

Elu l'une des meilleures saveurs mondiales de l'année 2011, le massaman est une variété de curry utilisé dans la tradition thaïlandaise musulmane. Ressemblant au ragoût de la cuisine française, le massaman se cuisine souvent avec du bœuf ou du poulet. Je propose ici une version au bœuf, mais cette recette peut être adaptée aux végétariens en remplaçant le bœuf par des morceaux de tofu frits.

40 min

50 min

Ingrédients pour 2 personnes

300 g d'entrecôte
2 pommes de terre de taille moyenne
1 oignon de taille moyenne
1 poignée de cacahuètes rôties
4 feuilles de laurier
1/2 galette de sucre de palme de taille moyenne (20 g)
1 cuillère à soupe et demie de jus de tamarin (1 cuillère à café de pâte de tamarin diluée dans 30 ml d'eau)
400 ml de lait de coco
2 cuillères à soupe de sauce de poisson

Pour pâte de curry massaman
(pour 4 portions, à conserver au réfrigérateur jusqu'à 2 semaines)

4 piments rouges séchés de taille moyenne
2 échalotes
3 gousses d'ail
1 bâtonnet de citronnelle
3 fines tranches de galanga
2 g de zeste de bergamote
1 pincée de cannelle en poudre, de coriandre en poudre, de cumin en poudre et de sel
1/8 de cuillère à café de pâte de crevettes
1/4 de cuillère à café de piment doux en poudre

01

Pour la pâte de curry massaman : tremper les piments rouges séchés dans de l'eau chaude pendant 10 minutes. Couper tous les légumes finement (y compris les piments). Les mixer avec le reste des ingrédients et 40 ml d'eau jusqu'à l'obtention d'une texture homogène.

02

Couper l'entrecôte, les pommes de terre et l'oignon en gros morceaux. À feu moyen et à couvercle fermé, faire bouillir les morceaux d'entrecôte dans 300 ml d'eau avec deux pincées de sel pendant 20 minutes environ.

MASSAMAN NUA

Ragoût de bœuf au curry massaman

03

A feu moyen, saisir la pâte de curry massaman pendant quelques secondes dans une casserole bien huilée. Verser 200 ml de lait de coco, porter à ébullition puis laisser sur le feu 30 secondes. Verser le reste du lait de coco, continuer à cuire pendant 1 minute environ.

04

Ajouter l'entrecôte et son bouillon puis tous les ingrédients sauf l'oignon. Laisser cuire environ 15 minutes, toujours à feu moyen. Ajouter de l'oignon et laisser sur le feu encore 10 minutes en remuant de temps en temps. Servir aussitôt accompagné de riz gluant.

Silk & Spice

Poulet mariné enveloppé de feuilles de bayteuil

Kai Bayteuil

Le bayteuil, appelé également pandanus, est une plante tropicale. Ses feuilles, qui ressemblent à des lames, sont couramment utilisées dans la cuisine du Sud-Est asiatique pour parfumer diverses préparations, notamment le riz. Originaire de la région centrale de la Thaïlande, ce plat demande un temps de préparation assez long mais le résultat en vaut la peine ! Plus vous laisserez le poulet mariner longtemps (une nuit au maximum), meilleur il sera !

Kai Bayteuil

Poulet mariné enveloppé de feuilles de bayteuil

01

Pour réaliser la farce : désosser les cuisses de poulet, couper la chair en grands morceaux et mettre ceux-ci dans un bol.

02

Ecraser les gousses d'ail, le poivre noir concassé et la coriandre, puis les ajouter aux morceaux de poulet. Ajouter la sauce d'huître, la sauce Maggi, le sucre et l'huile de sésame, bien mélanger et laisser mariner au moins 1 heure.

75 min

15 min

Ingrédients pour 2 personnes (12 pièces)

4 cuisses de poulet
12 feuilles de bayteuil
3 gousses d'ail
2 poignées de coriandre
1/2 cuillère à café de poivre noir concassé
3 cuillères à soupe de sauce d'huître
1 cuillère à soupe de sauce Maggi
2 cuillères à café de sucre
2 cuillères à soupe d'huile de sésame
12 cure-dents

Pour la sauce d'accompagnement

1 pincée de graines de sésame
2 cuillères à soupe de sucre
4 cuillères à soupe de vinaigre
1/2 cuillère à café de sel
1/2 cuillère à soupe de sauce Maggi

03

Faire la sauce : dans une casserole, à feu doux, faire fondre le sucre puis ajouter le vinaigre, le sel, la sauce Maggi, et bien mélanger.

04

Diviser la farce en 12 parts. Avec une feuille de bayteuil, former une croix à l'extrémité. Remplir le panier créé par la croix avec une part de farce. Envelopper le panier en roulant la feuille de bayteuil sur elle-même puis planter un cure-dent au travers du triangle pour sceller la feuille. Réaliser les autres triangles.

05

Dans une poêle remplie d'huile, faire frire les triangles à 180 °C pendant 15 minutes environ. Préparer la sauce en mélangeant tous les ingrédients et servir avec.

ROUGE ***Vacqueyras*** Domaine Chamfort ***Faugères*** Mas des Capitelles, La Catiède
Hautes Côtes de Nuits Domaine Bonnardot

Magret de canard poêlé et son coulis de caramel au tamarin

Ped Makram

A l'instar des Français qui raffolent du canard à l'orange, les Thaïs aiment aussi associer le canard à des notes à la fois acides et sucrées. Le Ped Makram est une recette originale avec du tamarin, ce fruit tropical acidulé qui a l'avantage d'être extrêmement facile à utiliser tout en étant étonnamment bon !

01

Préparer la sauce : dans une casserole, verser le jus de tamarin, la sauce Maggi, la sauce de soja et déposer le sucre de palme. Faire chauffer la mixture à feu vif jusqu'à ce qu'elle épaississe.

02

Couper le filet de canard en gros morceaux, les faire cuire dans une poêle à feu vif jusqu'à la cuisson souhaitée (environ 5 minutes).

10 min

10 min

Ingrédients pour 2 personnes

260 g de filet de canard
175 ml de jus de tamarin (45 g de pâte de tamarin diluée dans 175 ml d'eau)
3 galettes de taille moyenne de sucre de palme
1 cuillère à soupe de sauce Maggi
3 cuillères à soupe de sauce de soja

PED MAKRAM

Magret de canard poêlé et son coulis de caramel au tamarin

03

Poser les morceaux de canard cuits sur une assiette et verser la sauce par dessus. Servir avec des légumes ou des pommes de terre sautées au beurre.

Côtes d'agneau poêlées et coulis aux épices aromatiques

SIKHONG KE YANG

Voici la recette la plus « occidentale » de mon répertoire. Il s'agit d'une création personnelle que j'ai imaginée après avoir bien observé les goûts de mes clients français. La sauce, obtenue par une réduction de vin rouge mariée aux multiples épices thaïes, donne un résultat délicieux pour accompagner les côtes d'agneau.

35 min

15 min

Ingrédients pour 2 personnes

4 côtes d'agneau
15 ml de vin rouge
6 gousses d'ail de taille moyenne
1/3 d'oignon de taille moyenne
2 piments rouges frais de taille moyenne
1 grappe de poivre frais
1 pousse et demie de kachai
2 g de zeste de bergamote
1 poignée de basilic thaï
1 pincée de poivre en poudre
3 cuillères à soupe d'huile d'olive
1 cuillère à soupe de sauce Maggi
2 cuillères à café de sucre
2 cuillères à soupe de sauce d'huître
20 g de beurre

01

Laisser les côtes d'agneau mariner dans une cuillerée d'huile d'olive et le poivre en poudre pendant 30 minutes.

02

Couper grossièrement le kachai, les gousses d'ail, les piments rouges frais, le zeste de bergamote et l'oignon. Ecraser le tout dans un mortier.

03

Sur une poêle huilée avec 1 cuillère à soupe d'huile d'olive, faire fondre du beurre à feu vif. Y ajouter la pâte préparée, la faire sauter 3 minutes puis mettre la sauce d'huître, la sauce Maggi, le sucre et le poivre frais. Retirer du feu aussitôt.

Sikhong Ke Yang

Côtes d'agneau poêlées et son coulis aux épices aromatiques

04

Faire griller les côtes d'agneau sur une poêle à feu vif avec 1 cuillère à soupe d'huile d'olive jusqu'à la cuisson souhaitée (entre 3 et 5 minutes). Ajouter le vin rouge juste avant de les retirer du feu.

05

Chauffer la sauce préparée auparavant quelques minutes, ajouter une cuillerée d'eau si la sauce est trop épaisse. Ajouter du basilic juste avant de retirer du feu.

06

Disposer 2 côtes d'agneau grillées sur chaque assiette et verser la sauce dessus. Servir avec du riz blanc.

Autre grand classique de la cuisine thaïe, ce curry rouge aux crevettes est la meilleure manière de faire découvrir la gastronomie thaïe à des novices. Le procédé pour réaliser la pâte de curry rouge est presque identique à celui du curry vert, sauf quelques ingrédients qui s'ajoutent et le piment rouge qui remplace le vert bien sûr ! La base de cette recette s'adapte facilement, vous pouvez y ajouter d'autres fruits de mer de votre choix.

Crevettes infusées au curry thaï

Panang Koong

PANANG KOONG

Crevettes infusées au curry thaï

25 min

10 min

Ingrédients pour 2 personnes

10 crevettes crues de taille moyenne décortiquées
2 poignées de pois mange-tout
1 poignée d'asperges vertes coupées en deux
1 piment rouge coupé en tranches
1/2 poignée de basilic thaï
400 ml de lait de coco
2 cuillères à soupe de sauce de poisson
2 cuillères à café de sucre

Pour la pâte de curry rouge
(pour 4 portions, à conserver au réfrigérateur jusqu'à 2 semaines)

3 piments rouges séchés de taille moyenne
1 échalote de taille moyenne
15 g de gousse d'ail
1 bâton de citronnelle
4 fines tranches de galanga
2 g de zeste de bergamote
1 pincée de sel
1/4 de cuillère à café de pâte de crevettes
1 cuillère à café de piment doux en poudre

01

Préparer la pâte de curry rouge : couper tous les ingrédients finement.

02

Mixer tous ces ingrédients avec la pâte de crevettes, le zeste de bergamote et un peu d'eau jusqu'à l'obtention d'une texture homogène.

03

Dans une poêle bien huilée, faire revenir 30 g de pâte de curry rouge (soit 1 cuillère à soupe) pendant 30 secondes.

04

A feu doux, verser le lait de coco tout en remuant pendant 3 minutes, puis ajouter la sauce de poisson et le sucre.

05

Passer à feu vif, ajouter les crevettes et les légumes et laisser mijoter 5 minutes. Ajouter ensuite le basilic et le piment. Servir aussitôt, accompagné de riz gluant.

Plat incontournable de la gastronomie thaïlandaise, ces pâtes de riz sautées aux légumes et aux crevettes connaissent un franc succès dans le monde entier. Il existe beaucoup de versions différentes en fonction des régions ou du savoir-faire. Celle-ci a l'avantage d'être à la fois classique, facile et très savoureuse.

Pâtes de riz sautées aux crevettes

Phad Thaï Koong Sod

ROUGE ***Hautes Côtes de Beaune*** Domaine Seguin-Manuel ***Brouilly*** Domaine du Point du Jour, Les Bruyères

Phad Thaï Koong Sod

Pâtes de riz sautées aux crevettes

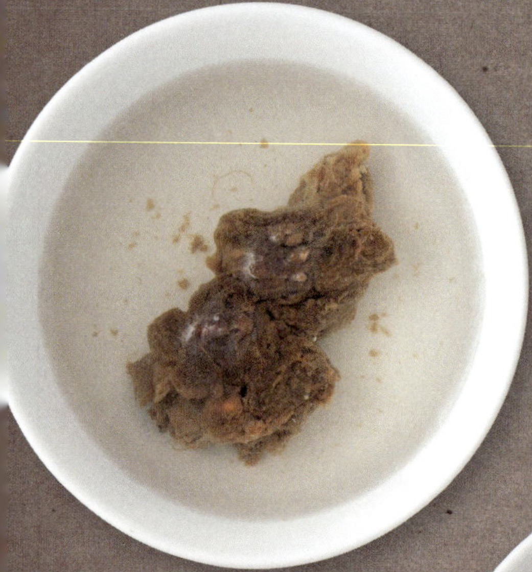

01

Préparer le jus de tamarin : dans 200 ml d'eau, ajouter 50 g de pâte de tamarin. Bien mélanger à la main.

75 min

20 min

02

Réserver les pâtes de riz dans de l'eau froide pendant 1 heure puis égoutter soigneusement.

Ingrédients pour 2 personnes

160 g de pâte de riz
6 crevettes crues décortiquées
50 g de pâte de tamarin
1 galette de sucre de palme de taille moyenne
2 œufs
4 pousses de la he
150 g de soja (100 g à cuisiner, 50 g à dresser)
1 cuillère à café de radis salé
1 cuillère à soupe de crevettes séchées et hachées
2 cuillères à soupe de cacahuètes hachées
3 cuillères à soupe de sauce de poisson
2 cuillères d'huile de tournesol
1/2 citron vert

03

Dans une poêle à feu doux, porter à ébullition le jus de tamarin et le sucre de palme. Attendre que le sucre de palme soit complètement fondu.

04

Ajouter les pâtes de riz et mélanger pendant 5 minutes pour qu'elles s'imprègnent bien de sauce. Ajouter la sauce de poisson, remuer sans cesse jusqu'à ce que la sauce épaississe. A feu vif, ajouter les crevettes puis les faire sauter 2 minutes.

05

Mettre les pâtes d'un côté de la poêle et faire place nette de l'autre côté. Verser 2 cuillères à soupe d'huile dans l'espace libéré, casser les œufs et fouetter comme pour faire des œufs brouillés.

06

Mélanger les œufs avec les pâtes de riz puis ajouter tous les ingrédients (sauf les cacahuètes et 50 g de soja). Faire sauter le tout pendant 3 minutes.
Dans une assiette, déposer les pâtes de riz sautées, ajouter les cacahuètes et le soja restant ainsi qu'un quartier de citron vert.

Daurade frite aux trois saveurs

Pla Sam Lot

Si vous aimez le poisson, cette daurade panée accompagnée de sa sauce aigre douce ravira votre palais. J'utilise du piment rouge frais pour faire la pâte de piment. Si vous n'avez pas l'habitude de manger très épicé, vous pouvez diviser par deux la quantité de tous les ingrédients de la pâte de piment et doubler la quantité d'eau pour le jus de tamarin.

01

Préparer le jus de tamarin : mettre les 50 g de pâte de tamarin dans 200 ml d'eau. Bien mélanger à la main.

02

Préparation de la pâte d'épices : couper les piments, l'ail et l'échalote. Les écraser dans un mortier.

03

Dans une poêle bien huilée, saisir la pâte d'épices à feu moyen pendant 3 minutes. Ajouter le jus de tamarin, la sauce de poisson, la sauce Maggi et le sucre de palme. Laisser réduire environ 5 minutes pour obtenir une texture épaisse. Ajouter les feuilles de basilic et laisser réduire encore quelques minutes

Pla Sam Lot

Daurade frite aux trois saveurs

04

Bien égoutter la daurade nettoyée. L'entailler dans la partie la plus épaisse et saupoudrer de farine.

05

Faire frire la daurade dans une poêle remplie d'huile jusqu'à ce qu'elle soit dorée (10 minutes environ) puis la dégraisser dans du papier essuie-tout. Poser dans une assiette plate et verser la sauce.

30 min

20 min

Ingrédients pour 2 personnes

1 daurade entière (environ 400 g) écaillée, vidée et lavée
1 poignée de feuilles de basilic thaï
50 g de pâte de tamarin
1 galette de taille moyenne de sucre de palme
2 cuillères à soupe de sauce de poisson
1/2 cuillère à soupe de sauce Maggi
3 cuillères à soupe de farine

Pour la pâte d'épices

2 piments rouges frais
4 gousses d'ail de taille moyenne
1 échalote de taille moyenne

D'où vient le nom mystérieux de ce plat, le « tigre qui pleure » ? D'après la légende, ce serait à cause de la sauce qui accompagne le filet de bœuf : elle serait tellement épicée que même un tigre en pleurerait ! Qu'on y croie ou pas, si ce mets attire autant d'amateurs, c'est tout simplement parce qu'il est succulent ! De plus, ma version n'est pas si épicée, pas suffisamment en tout cas pour faire pleurer un tigre...

Fameux "Tigre qui pleure" : émincés de filet de bœuf mi-cuit

LONG HAÏ MAÏ

Long Haï Maï

Fameux "Tigre qui pleure" : émincés de filet de bœuf mi-cuit

01

Faire griller les grains de riz sur une poêle sans matière grasse jusqu'à ce qu'ils soient dorés (10 minutes environ). Les passer au mixeur jusqu'à l'obtention d'une poudre homogène.

20 min

15 min

Ingrédients pour 2 personnes

240 g de filet de bœuf
2 tiges de ngo gai
1 cuillère à café de grains de riz
1/2 cuillère à café de piment en poudre
2 cuillères à soupe de jus de tamarin (10 g de pâte de tamarin diluée dans 40 ml d'eau)
2 cuillères à soupe de jus de citron
2 cuillères à soupe de sauce de poisson
2 cuillères à café de sucre

02

Dans un petit bol, verser la sauce de poisson, le jus de citron, le jus de tamarin et le sucre. Bien mélanger puis ajouter la poudre de riz, la poudre de piment et le ngo gai.

03

Couper le filet de bœuf en fines lamelles. Dans une poêle, les faire griller jusqu'à la cuisson souhaitée (entre 3 et 5 minutes) sans ajouter de matière grasse.

04

Sur une assiette, poser les lamelles de filet de bœuf, servir avec la sauce à part et du riz gluant.

Je vous dévoile ici l'un des secrets qui a assuré le succès des plats cuisinés au wok au restaurant SILK & SPICE. Non seulement cette recette de lamelles de bœuf au kapao et à la pâte de piment est très simple à réaliser – à peine 15 minutes de préparation ! – mais sa base s'adapte très bien à d'autres ingrédients tels que volaille, le porc ou le veau. Le kapao, sorte de basilic au goût plus prononcé, apporte une délicieuse fraîcheur à ce plat.

ROUGE ***Crozes-Hermitage*** Domaine Champal, Chaubayou ***Vacqueyras*** Domaine Chamfort ***Faugères*** Mas des Capitelles, La Catiède ***Côtes de Provence*** Domaine Les Crostes, Cuvée Prestige ***Chassagne-Montrachet 1er Cru*** Domaine Pilot, Morgeot ***Châteauneuf du Pape*** Romain Duvernay, Plan de Dieu

Lamelles de bœuf au kapao et à la pâte de piment

Kapao Nua

Kapao Nua

Lamelles de bœuf au kapao et à la pâte de piment

15 min

10 min

Ingrédients pour 2 personnes

300 g de filet de bœuf coupé en lamelles
2 piments rouges frais
8 gousses d'ail
1 oignon de taille moyenne coupé en lamelles
1 poignée de haricots verts thaïs coupés en deux
1/2 poivron rouge de taille moyenne coupé en lamelles
1 poignée de feuille de kapao
2 cuillères à soupe de sauce d'huître
1/2 cuillère à soupe de sauce Maggi
1 cuillère à café de sucre

01

Ecraser les piments rouges frais et les gousses d'ail grossièrement coupés.

02

Dans une poêle bien huilée et à feu vif, faire revenir la pâte de piment pendant 2 minutes. Ajouter le filet de bœuf et le saisir 2 minutes.

03

Ajouter ensuite la sauce d'huître, la sauce Maggi, le sucre, une cuillerée d'eau puis les légumes (sauf le kapao). Faire sauter le tout pendant 3 minutes en mélangeant bien. Ajouter les feuilles de kapao puis retirer du feu. Servir aussitôt avec du riz gluant.

BLANC *Condrieu* Domaine Champal, La Coste *Meursault 1er Cru* Domaine Pilot, Caillerets *Chassagne-Montrachet* Domaine Pillot *Saint-Joseph* Domaine Champal, Mayanne

Version marine du plat précédent, le Talay Sap Soon a la particularité d'utiliser des grains de poivre frais et du jus de tamarin pour rehausser le goût des fruits de mer. Pour préparer la pâte de piment, reportez-vous à la recette précédente. Si vous pensez que ce plat risque de vous brûler le palais, vous pouvez diminuer la quantité de pâte de piment et augmenter celle de jus de tamarin.

Assortiment de fruits de mer sautés au wok

TALAY SAP SON

01

Mélanger la sauce d'huître, la sauce Maggi, le jus de tamarin et la pâte de piment dans un récipient.

02

Couper les légumes en lamelles sauf le basilic.
Dans une poêle chaude et bien huilée, faire sauter d'abord les moules et les noix de saint-jacques (2 minutes), puis les crevettes et les légumes (sauf le basilic) 30 secondes environ.

TALAY SAP SON

Assortiment de fruits de mer sautés au wok

10 min

10 min

Ingrédients pour 2 personnes

4 noix de saint-jacques
6 crevettes crues décortiquées
6 moules
6 morceaux de calamar
1/4 bâton de céleri
1/2 oignon de taille moyenne
1/4 de poivron vert de taille moyenne
1/4 de poivron rouge de taille moyenne
3 grappes de poivre frais
1 poignée de basilic thaï
1 cuillère à soupe et demie de pâte de piment (voir recette précédente pour la préparation)
1 cuillère à soupe et demie de sauce d'huître
1 cuillère à soupe de sauce Maggi
1 cuillère à soupe de jus de tamarin (1 petite cuillère à café de pâte de tamarin diluée dans 20 ml d'eau)

03

Verser le mélange de sauces, ajouter une cuillerée d'eau et continuer à faire sauter pendant 5 minutes. Ajouter le calamar, le faire sauter 1 minute. Ajouter le basilic et servir aussitôt.

Filet de saumon et sa sauce au curry rouge

CHU CHI SAUMON

Il n'y a pas de règle stricte pour savoir si tel aliment se marie mieux avec du curry vert ou avec du rouge, mais les Thaïs ont tendance à préférer le curry rouge pour le poisson et les fruits de mer. Cette recette de curry rouge thaï associé à un filet de saumon est un plat des plus onctueux. Si vous souhaitez alléger la sauce, vous pouvez la diluer avec un peu de lait écrémé.

BLANC *Meursault 1er Cru* Domaine Pilot, Caillerets *Chassagne-Montrachet* Domaine Pillot

CHU CHI SAUMON

Filet de saumon et sa sauce au curry rouge

25 min

15 min

Ingrédients pour 2 personnes

2 pavés de saumon
200 ml de lait de coco
10 feuilles de basilic thaï
2 feuilles de citron
1 cuillère à soupe de cacahuètes hachées
1 cuillère à soupe de crevettes séchées hachées
2 cuillères à soupe de sauce de poisson
1 cuillère à café et demie de sucre

Pour la pâte de curry rouge
(pour 4 portions, à conserver au réfrigérateur jusqu'à 2 semaines)

3 piments rouges séchés de taille moyenne
1 échalote de taille moyenne
3 gousses d'ail
1 bâton de citronnelle
4 fines tranches de galanga
2 g de zeste de bergamote
1 pincée de sel
1/4 de cuillère à café de pâte de crevettes
1 cuillère à café de piment doux en poudre

01

Préparer la pâte de curry rouge : couper tous les légumes finement et les mixer avec les autres ingrédients et un peu d'eau jusqu'à l'obtention d'une texture homogène.

02

Dans une poêle bien huilée, verser 2 cuillères à soupe de lait de coco et porter à ébullition.
Puis ajouter 30 g de pâte de curry rouge (soit 1 cuillère à soupe) et bien mélanger.

03

Verser le reste du lait de coco, la sauce de poisson, le sucre, le sel, les cacahuètes et les crevettes séchées et laisser sur le feu 3 minutes.

04

Poêler les pavés de saumon jusqu'à la cuisson souhaitée (entre 2 et 4 minutes de chaque côté).
Avant de retirer du feu la sauce au curry rouge, ciseler puis ajouter les feuilles de citron et le basilic
Disposer un pavé au centre de chaque assiette et verser la sauce par dessus. Servir aussitôt, accompagné de riz gluant.

Cuisson traditionnelle du riz à la vapeur
NEUNG KHAO

Savez-vous que certaines expressions françaises liées au pain telles que « ça se vend comme des petits pains » ou « gagne-pain » amusent beaucoup les Thaïlandais ? A notre tour de vous amuser maintenant : chez nous, en Thaïlande, pour appeler « à table ! », on dit « King Kiaw » qui signifie littéralement « venez manger du riz ! ». Voici donc les astuces de cuisson traditionnelle du riz qui occupe une place si importante dans les repas thaïlandais.

01

Pour le riz gluant ou complet, laisser les grains de riz tremper au minimum 1 heure et au maximum toute une nuit dans de l'eau tiède.

02

Laver les grains de riz à l'eau froide à la main dans un saladier. Répéter deux fois l'opération puis bien égoutter.

03

Mettre les grains de riz dans un panier à vapeur. Couvrir le panier avec un torchon mouillé et le placer sur une marmite à vapeur.

04

Laisser cuire 20 minutes pour 2 personnes (mais jusqu'à 1 heure pour 8 personnes), à feu moyen, en faisant attention à la réserve d'eau. Sortir pour servir aussitôt comme accompagnement.

65 min

20 min

Ingrédients pour 2 personnes

1 tasse de riz
(compter une 1/2 tasse de riz par personne).
Choisir entre riz blanc nature, riz gluant ou riz complet.

Avec ces Desserts

aux notes douces et Envoûtantes

liées par la Saveur onctueuse

du Sucre de palme,

vous serez Enchantés

de terminer vos Repas

par ces Textures et ces formes

divinement Surprenantes.

Flan au lait de coco et à la pomme

MORKAENG APPLE

Ce flan fondant au lait de coco et à la pomme est très facile à réaliser, même si vous n'êtes pas un grand adepte de la pâtisserie. Remplacer le sucre de palme que contient cette recette par du sucre blanc ne change pas radicalement la donne, mais je vous conseille tout de même d'utiliser du sucre de palme qui donne à ce dessert un goût riche et crémeux.

20 min

25 min

Ingrédients pour 2 personnes

3 œufs
150 ml de lait de coco
1 galette et demie de taille moyenne de sucre de palme
1/2 pincée de sel
1/2 pomme
1 pincée de cannelle en poudre
1 cuillère à café de farine de riz

01

Râper le sucre de palme. Casser les œufs dans un grand bol, y ajouter le lait de coco, le sucre de palme et le sel, bien mélanger à la main. Passer la mixture au chinois puis ajouter la farine de riz, bien mélanger.

03

Couper la pomme en fines lamelles et les faire revenir sur une poêle beurrée à feu doux 3 minutes. Poser les lamelles de pomme cuites sur la préparation et saupoudrer de cannelle.

MORKAENG APPLE

Flan au lait de coco et à la pomme

02

Dresser l'appareil dans un moule.

04

Laisser cuire au four préchauffé à 180 °C pendant 20 minutes environ.

Entre smoothie et bubble tea, ce dessert
désaltérant est idéal pour apaiser
le palais après un plat très épicé.
L'association du lait de coco et des perles
de tapioca est douce et délicieuse !

Smoothie au lait de coco et à la banane

Smoothie Kaï Muk

Smoothie Kaï Muk

Smoothie au lait de coco et à la banane

01

Faire cuire le tapioca : porter un peu d'eau à ébullition dans une casserole, verser les perles de tapioca et faire cuire 5 minutes environ en remuant sans cesse jusqu'à ce que l'eau de cuisson s'évapore.

02

Faire chauffer le lait de coco à feu doux 3 minutes. Ajouter le sucre et le sel puis remuer jusqu'à ce que le sucre soit fondu. Couper les bananes.

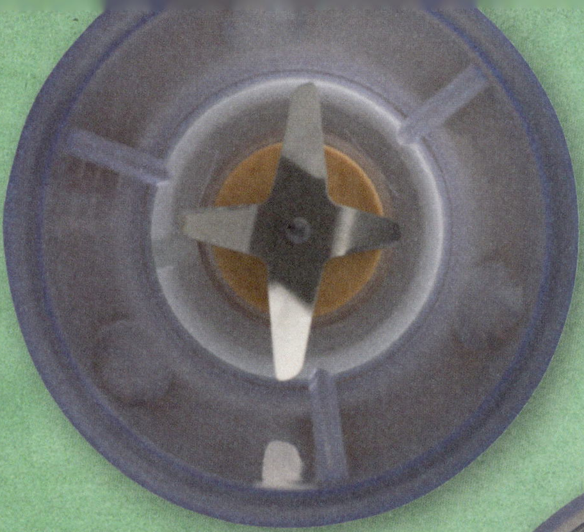

25 min

15 min

Ingrédients pour 2 personnes

2 bananes mûres
4 cuillères à soupe de sucre
200 ml de lait de coco
1 pincée de sel
60 g de tapioca
1 verre de glaçons

03

Dans le mixeur, verser la préparation au lait de coco et les morceaux de banane, mixer le tout avec les glaçons.

04

Faire chauffer une nouvelle fois le tapioca dans de d'eau bouillante jusqu'à ce qu'il devienne transparent (environ 5 minutes) puis le rincer à l'eau froide avant de l'égoutter. Répartir le tapioca dans 2 verres puis verser le milk-shake de lait de coco.

Riz collant au lait de coco accompagné de mangue
KHAO NIAO MAMUANG

Ceci est le plus connu des desserts du royaume de Siam. Une fois que vous avez maîtrisé la cuisson du riz gluant à la vapeur, il est très simple à réaliser. La qualité de la mangue, cette « pêche des tropiques », change énormément la donne. Je vous conseille de la choisir bien mûre pour que sa chair se fonde avec le riz gluant.

Khao Niao Mamuang

Riz collant au lait de coco accompagné de mangue

90 min

25 min

Ingrédients pour 2 personnes

60 g de riz gluant
75 ml de lait de coco
1 cuillère à soupe et demie de sucre
1/2 pincée de sel
1 mangue bien mûre

01

Laisser tremper le riz gluant dans de l'eau tiède pendant 1 heure puis le faire cuire le riz à la vapeur environ 20 minutes

02

Pendant la cuisson du riz, faire cuire le lait de coco à feu doux 3 minutes, ajouter le sucre et la demi-pincée de sel, remuer sans cesse jusqu'à ce que le sucre soit fondu.

03

Dans un saladier, mélanger le riz cuit et la crème de lait de coco. Laisser reposer 10 minutes afin que le riz s'imprègne de la crème.

04

Couper la mangue, servir dans une assiette accompagnée de riz à la crème.

Cousin du
précédent dessert,
le Khao Tom Mud est
également à base de riz gluant lequel est
associé, cette fois, à la banane. A la place
du haricot noir, vous pouvez mettre d'autres
graines légumineuses (comme les lentilles) sauf le
haricot rouge qui aura une texture trop pâteuse.

Riz gluant à la banane enveloppé dans des feuilles de bananier

Khao Tom Mud

01

Laisser tremper le riz gluant dans de l'eau tiède pendant 1 heure.
Faire cuire le riz à la vapeur environ 20 minutes.

02

Faire cuire les haricots noirs dans de l'eau bouillante pendant 20 minutes environ, jusqu'à ce que les graines deviennent molles.

03

Faire chauffer le lait de coco à feu doux pendant 3 minutes, ajouter le sucre et la pincée de sel, remuer sans cesse jusqu'à ce que le sucre soit fondu.

04

Dans un saladier, mélanger le riz cuit et la crème de lait de coco.

Khao Tom Mud

Riz gluant à la banane enveloppé dans des feuilles de bananier

05

Blanchir les feuilles de bananier quelques instants. Poser une petite feuille de bananier sur une grande. Etaler une couche de 1 cm de riz préparé, ajouter quelques graines de haricot noir, poser une tranche de banane puis recouvrir de nouveau de riz. Refermer la feuille de bananier en la serrant bien. Former le deuxième rouleau.

06

Cuire les rouleaux à la vapeur pendant 25 minutes. Servir chaud ou froid.

70 min

70 min

Ingrédients pour 2 personnes

60 g de riz gluant
120 ml de lait de coco
3 cuillères à soupe de sucre
1 pincée de sel
1/2 banane mûre
2 cuillères à soupe de haricots noirs
4 feuilles de bananier dont
2 de 20 cm de longueur et 2 de 15 cm

Mini-paniers de flan au lait de coco

TAKO PHEUK

Ce dessert a le mérite d'allier plaisir du palais et plaisir des yeux : la douceur du lait de coco et la texture particulière du taro sont réunies dans des jolis mini-paniers verts ! S'ils ne sont pas servis en dessert, ces mini-paniers en feuilles de bayteuil pourront faire de parfaits petits amuse-bouches.

Tako Pheuk

Mini-paniers de flan au lait de coco

01

Former des paniers carrés avec les feuilles de bayteuil (se reporter aux photos pour les réaliser).

35 min

20 min

Ingrédients pour environ 10 pièces

10 feuilles de bayteuil

Farce de la partie inférieure

25 g de farine de riz
12,5 g de farine de pomme de terre
3 cuillères à soupe et demie de sucre
50 g de taro

Farce de la partie supérieure

300 g de lait de coco
10 g de farine de riz
1 cuillère à café de sel
1 cuillère à café de sucre

04

Remplir à moitié les mini-paniers de la crème préparée. Réserver.

02

Préparer la farce de la partie inférieure : couper le taro en dés puis le faire blanchir dans de l'eau bouillante.

03

Dans une casserole, mélanger le sucre et les farines de riz et de pomme de terre avec 400 ml d'eau. Bien mélanger pour ne pas faire de grumeaux. Ajouter le taro et faire cuire à feu doux, en remuant, pendant 7 minutes environ jusqu'à obtenir une texture crémeuse.

05

Préparer la farce de la partie supérieure : à feu doux, porter à ébullition le lait de coco, la farine de riz et le sel, laisser cuire 5 minutes environ jusqu'à obtenir une texture crémeuse.

06

Verser la farce supérieure dans les mini-paniers jusqu'au rebord.

Cette recette a la particularité de mélanger le chocolat fondu et le lait de coco qui rend la ganache encore plus fondante. Si vous voulez varier, les galettes de blé peuvent être remplacées par des feuilles de brick et les noix de cajou par des petits morceaux de pistaches.

Nems au chocolat et à la banane

PHO PIA CHOCOLAT

75 min

15 min

Ingrédients pour 2 personnes

100 g de chocolat noir
8 galettes de blé
20 g de beurre
30 ml de lait de coco
2 cuillères à soupe de noix de cajou pilées
1 œuf
1/2 banane mûre

01

Faire fondre le chocolat au bain-marie puis ajouter le beurre, le lait de coco et les noix de cajou.

02

Sur une petite assiette, placer un film plastique alimentaire et verser la mixture au chocolat.
Aplatir la mixture en fermant le film plastique et laisser refroidir au congélateur pendant 1 heure.

PHO PIA CHOCOLAT

Nems au chocolat et à la banane

03

Couper le chocolat solidifié en lamelles de 2 cm de large environ. Couper également la banane en lamelles de taille identique.

04

Envelopper une lamelle de chocolat et une de banane dans une galette de blé en formant un petit rouleau. Coller la galette de blé en mettant du blanc d'œuf sur son extrémité (comme pour fermer une enveloppe). Former les autres nems de la même manière.

05

Faire frire les nems dans de l'huile jusqu'à ce qu'ils deviennent dorés (5 minutes environ).

Le Lak Boï Baan est le dessert idéal si vous souhaitez terminer votre repas sur une note sucrée mais fraîche et légère. Cet entremets à base d'ananas peut être accompagné d'une boule de sorbet pour apporter davantage de fraîcheur.

Carpaccio d'ananas mariné au gingembre et à la citronnelle

Lak Boï Baan

01

Hacher le gingembre et la citronnelle.

02

Dans une casserole, faire bouillir 250 ml d'eau avec le sucre. Ajouter le gingembre et la citronnelle hachés, le jus de citron et les feuilles de citron, et laisser cuire 3 minutes. Retirer du feu et laisser refroidir jusqu'à ce que le sirop devienne tiède.

45 min

5 min

Ingrédients pour 2 personnes

1 ananas
3 cuillères à soupe de sucre
10 g de gingembre
1 bâton de citronnelle
2 cuillères à soupe de jus de citron
5 feuilles de citron

Optionnel :
Vous pouvez ajouter d'autres fruits comme des fraises, de la pomme, du melon, etc.

03

Peler et couper l'ananas en fines tranches. Les ajouter dans le sirop et les laisser mariner 30 minutes au minimum. Les sortir de la marinade, les poser dans une assiette et verser 3 cuillères à soupe de sirop. Servir bien frais.

LAK BOÏ BAAN

Carpaccio d'ananas mariné au gingembre et à la citronnelle

Crème de coco au potiron

Boiloy Fakthoung

Le Boiloy Faktoung est une crème de lait de coco aux boules de potiron qui se consomme chaude ou froide. Le potiron peut être remplacé par d'autres féculents sucrés comme la patate douce, ou par des boulettes nature réalisées uniquement avec la farine de riz.

Boiloy Fakthoung
Crème de coco au potiron

01

Eplucher le potiron et le faire cuire à la vapeur pendant 10 minutes. Verser la farine de riz gluant dans un saladier, ajouter 100 ml d'eau chaude ainsi que les morceaux de potirons cuits. Mélanger le tout à la main pour en faire une pâte solide.

02

Saupoudrer une assiette d'un peu de farine. Détacher un petit morceau de la pâte et former une boule de 2 cm de diamètre. La poser et la faire rouler sur l'assiette farinée. Répéter l'opération jusqu'à ce qu'il n'y ait plus de pâte.

35 min

20 min

Ingrédients pour 2 personnes

150 g de farine de riz gluant
100 g de potiron
300 ml de lait de coco
1 pincée de sel
2 cuillères à soupe de sucre en poudre

03

Plonger les boules dans de l'eau bouillante. Dès qu'elles remontent (au bout de 3 minutes environ), les sortir et les égoutter.

04

Verser le lait de coco dans une casserole à feu doux, ajouter le sucre et le sel, faire chauffer jusqu'à ce que le sucre fonde. Ajouter les boules de potiron, laisser cuire 3 minutes. Servir chaud ou froid.

Crédits

Directeur du projet : Jeong Hun KIM
Responsable du projet : Woori BAE
Graphiste : Sngoog CHOI
Photographes : Juno HWANG et Chaeyoung HWANG

Achevé d'imprimer
par GRASPO CZ à Zlin, République Tchèque
en mars 2014